www.tredition.de

© 2019 Schemm Dieter

Verlag und Druck, Halenreieh 40-44, 22359 Hamburg

ISBN

Paperback: 978-3-7323-4257-0

Hardcover: 978-3.7323-4258-7

E-Book: 978-3.7323-4259 4

Dieter Schemm

Farbenspiel

Gedichtband
mit Fotos von Cornelia Rupp

Die zarteste Versuchung

Der Tag -
bricht immer wieder meine Zeit;
doch du
leuchtest wie ein Sommerkleid!

Der Morgen -
entsorgt für uns die Nacht;
doch du,
hast mich ich deinen Armen wieder angelacht!

Die Vergänglichkeit -
begrenzt den kleinsten Sonnenschein;
doch du,
küsst mir Gefühle unbeschreiblich reich und fein!

Der Moment in mir -
stirbt mit jedem Augenblick;
doch du,
zeigst mir die Ewigkeit, das Glück!

Denn du umarmst mich immer wieder,
denn du bist und bleibst für mich;
die zarteste Versuchung, seit es Frauen gibt!

Der Frühling deckt vielleicht auf, was der Winter
erhoffte!

Foto von Friedel Reichholf

Ich habe eine Hängematte unterm Dach,
von niemandem bewacht!

Da gibt's den Strand als Reise,
auch Wellen rauschen leise;
da scheint die Sonne auf den Bauch;
ganz sanft und fein!

Hier liegt mein Südseeabenteuer, das dem Wahnsinn
gleicht,
bei Ruhe, soweit das Auge reicht,
das Ganze gibt es immer fünf vor zwölf,
ist frei von Stress und Sorgen!

Mit Südseemädchen in den Träumen,
empfinde ich die Düfte,
schmecke ich die Früchte, trink den Saft
und spüre meine ganze Kraft!

Dann werde ich sogleich,
ganz lieb und charmant;
werde die Südsee schmecken und entdecken,
mit einem Sommerhut das Leben wecken!

Denn,
ich habe eine Hängematte unterm Dach,
dort buche ich schon heute ausgeruht,
den nächsten Urlaubstag!

Körper, Geist und Seele sind eng miteinander verbunden
und
wohnen im selben Haus;
beeinflussen sich immer gegenseitig,
bei einem mehr, bei dem anderem weniger
und gehören zusammen wie Sonne, Mond und Sterne!

Liebe

Worte,
sie legten die Worte beiseite;
Liebe,
sie liebten sich in Weite und Tiefe!

Lächeln,
sie lächelten sich an;
Küssen,
sie brachen mit Küssen jeglichen Bann!

Berühren,
sie verführten sich in Raum und Zeit;
Entdecken,
sie entdeckten ihren ganz persönlichen Traum!

Beschützen,
sie legten den Himmel bereit;
gaben,
sie gaben sich ihre Zeit!

Lieben, sie liebten sich wie Verliebte!

Mitteilen kann oft Schlimmeres verhindern!

Tagebuchgedanken

Sind viele sogenannte „Krankheiten" nicht einfach nur
Blockaden,
die Ursache und Wirkung haben,
die das Leben schwierig und nicht immer leicht
erscheinen lassen!

Denn diese „Störungen in der Harmonie der Gesamtheit
des Menschen"
haben immer etwas zu sagen!

Wenn wir das beachten,
haben wir vielleicht schon ein Stück weit gewonnen;
dazu den Mut haben,
zu hinterfragen und die Wurzel des Übels herausziehen
zu wollen;
wenn es auch manchmal weh tut!

Die Gletscherspalte

Die Spaltenfrage ist allgegenwärtig,
der Gletscher fließt nach unten ins Tal;
ist auf dem Gletscher nun nichts mehr dauerhaft deckend,
doch soweit das Auge reicht, es bleibt keine Wahl!

Außerordentlich gähnend,
unsagbar tief;
unheimlich beschwerend,
in der Spalte das Tief!

Fragend legt sich die Zeit,
mit dem Wahnsinn, der keinen Namen hat;
man kann nun nicht mehr sagen wieviel,
oder setzt die Spalte die Hoffnung Schachmatt!

Die Stellen mit den Gefahren schweigen dazu,
keine Umleitung weist e dich heraus;
das Seil, die Hoffnung, das Gespür und dem Du,
sind im Chaos der Spalten der Mut!

Doch es gibt ihn, den Weg,
den Weg aus diesem Gletscher im Wandel der Zeit!

So

Bohren um nieder zu machen
Bohren im Loch;
Bohren im Zahn,
Herzschmerzen im nirgendwo und irgendwie!

Ringen zu müssen,
Ringen zum Wohle der Gesellschaft;
Ringen, um nicht unterzugehen,
Kälte mitten im Sommer!

Fliegen um frei zu sein,
Fliegen im Schattenkabinett;
Fliegen im Schauspielhaus,
Fliegendes Himmelreich!

Singen um zu funktionieren,
Singen nach Regeln;
Singen im Verbund,
Singende Schäfchen!

Doch vielleicht bleibt die Hoffnung
und die Träne füllt die Leere;
denn wie ein stechender Schmerz,
schiebt der Traum die eigene Schwere!

Sich finden lassen im Meer der Liebe,
hat vielleicht mehr Aussicht auf Erfolg,
als selbst auf die Suche zu gehen!

Momentaufnahme

Die Kälte bricht den Abendstern,
die Sorgen jeden Horizont;
die Sterne gleichen dem verlorenen Herz,
der Morgen einer Schwere!

Das Denken gleicht dem tiefen Fall,
der Blick dem kalten Schauer;
die Nacht gleicht einem schwarzen Ball,
das Glück nur Nadelstichen!

Das Fühlen gleicht einer Folterkammer,
das Herz dem schwarzen Abt;
Sekunden kratzen am Genick,
der Traum dem bitteren süßen Schmerz!

Das Hoffen ist ohne Aussicht,
der Abend gleicht einem Karussell;
dass Jetzt und Hier;
dem Tunnel ohne Raum und Zeit,
dem Jetzt und Hier!

Glück und Unglück

Das Glück zeigt sich vielleicht ganz leise,
das Unglück ist vielleicht eine Fügung!

Das Glück am Schopf zu packen erfordert manchmal ein
bisschen Mut,
beim Unglück vielleicht nicht gleich den Kopf zu
verlieren!

Glück ist wie ein Schmetterling,
Glück ist manchmal unheimlich brutal!

Das Glück ist vielleicht nur Entschluss und Tun und
Handeln,
denn beides gibt es im eigenen Gewand!

Künstlerische Kürbiskost

Handelnde Hände am Becken,
Wasser im Licht;
Gemüsezubereitung ohne zu lecken,
das Bild kennt das Gericht!

Saftige Fleischstreifen sind besser,
Gemüsevorfreuden am vorliegenden Platz;
denn irgendwie trennt dann das Messer,
den hellroten Gemüseansatz!

Genießbares kommt auf als Erregung,
das Sinnliche erobert in Räumen;
die Zubereitung als einmalige Erwägung,
bei seinem ausufernden Träumen!

Grünliche Samenstränge brechen dann nochmals die
Dämme,
der Verstand verliert gegenüber der Lust;
wie ausgeleckt verschwindet der Frust,
bringt den Garten der verschlungenen Form
einer verzehrenden Norm!

Bis der Appetit den Teller übersteigt,
bei jungfräulichen Gedanken mit Obst;
wo sich dann alles zeigt,
eine unverwechselbare erotische Kost!

Sekundenabsturz

Noch ehe uns ein Bild entsteht,
dem Geist zu einem roten Faden wird;
die Klarheit, die entgeht,
schiebt sich vielleicht der Absturz in Sekunden!

Noch ehe man den ersten Schritt getan,
der Umstand sich neu ordnet;
Gedanken ohne einen Plan,
bleibt manchmal nur das nicht gemachte Bett!

Noch ehe eine Handlung geht,
geht dann vielleicht nichts mehr
und es erzeugt nun der Blackout;
die Ordnung ohne Stand,
denn es versagen alle Hilfen!

Das innere Lächeln ist Einladung und Neugier zugleich,
ohne aufdringlich zu sein!

Jahreszeitengedicht

Der Winter -
zaubert vielleicht ein Kinderlachen;
auch entrücken zwei Spuren im Schnee
bei guter Laune, guten Sachen
bei heißem Grog und Tee!

Der Frühling -
lauert vielleicht mit einem Liebesgebot;
vernetzt eine ganz besondere Note in Rot,
wenn die Hormone beglücken so sehr!

Der Sommer -
mit Sonne, Sonnenbrand und Partymeile
und einer Frau im Sommerkleid der sinnlichen Gefühle,
verführt unbarmherzig die Schwüle!

Der Herbst -
wo die Tage kurz und die Nächte lang,
ergibt sich ein leichter Schneeflockentanz;
driftet ein herbstlicher Gesang,
erleuchtet der selbstgemachte Kranz!

Liebe ist eine Blume,
die zu jeder Jahreszeit blüht
und mit den Sternen der Sehnsucht verglüht!

Gesagt, getan

Jetzt rutsch mir doch den Buckel runter
und überhaupt; was glaubst Du wer ich bin;
ich geh mit dir nicht auf ein Bier,
ich geh mit dir nun nirgendwo hin!

Jetzt mach den Fettfleck nicht noch dicker,
dass macht doch alles keinen Sinn;
jetzt spiele mir nicht den Retter,
du bist im Moment nicht mein Gewinn!

Jetzt mach die Spalte nicht noch breiter,
das hat die Welt noch nicht gesehen;
du spiele mir nicht den goldenen Reiter,
du kannst mir gerade aus den Augen gehen!

Das ist nun eine ganz spezielle Frage,
hier auf den Punkt gedacht,
das ist hier so eine Sprache,
hier auf das Papier gebracht!

Zwischen existieren und leben,
ist ein ebenso großer Unterschied
wie zwischen allein sein und einsam sein!

Mann und Frau

Der Mann versucht zu allererst mal den Gefühlen zu
entfliehen,
die Frau das Ganze überhaupt erst zu verstehen;
die Frau träumt dann beim Stricken und beim Häkeln,
von Sonnenschein und nacktem Räkeln;
der Mann schaut auf das kaputte Bügeleisen
und lässt die Blicke kreisen;
die Frau macht mit einem Lockenwickler dann im Haar,
die Einkaufswünsche wahr;
der Mann wird dann noch vor dem Schlafen gehen,
den Laptop knutschen, um zu verstehen;
die Frau entpuppt sich dann als Liebestöter,
doch trifft sie auf den Schwerenöter;
im Haushalt wird der Mann ganz munter,
trägt sein zerrissenes Hemd herunter;
der Mann trägt seine goldene Uhr am Arm
der Frau wird es bei einem Kuss so himmlisch und so
warm;
der Mann verlegt nun seine Fernbedienung,
die Frau ist in Bewegung;
dass „kleine Schwarze" seiner Frau ist sehr gewagt,
der Mann hat dann darauf nichts mehr gesagt,
er überlegt nicht mehr und macht sich blank,
zuvor jedoch fragt er noch seine Bank;
dann heißt es „Feuer frei" im Namen der Liebe
und beide ergeben sich dann ihrer Triebe!

Tagebuchgedanken

Millionäre sind nicht die mit dem fetten Bankkonto,
sondern die reich im Herzen sind,
und diesen Reichtum verschenken!

Das mit dem Wahnsinn und dem verrückt sein,
ist im Tun und Handeln so ein Ding!

Die Versöhnung

Das Ende -
das bei uns viele sahen;
war eine Momentaufnahme,
die es in jeder Liebe gibt!

Der Streit -
hatte seine eigene Dynamik;
doch der Streit hatte einen Faktor,
die Grenzen des anderen!

Die Wut -
war ausgesprochen;
die Wut -
beschränkte sich auf das Wesentliche!

Die Versöhnung -
war die Folge;
die Versöhnung -
ging unter die Haut!

Lächeln für die Liebesgebote

In jedem Menschen wohnt die Liebe,
das Lächeln des Gewinners;
wenn es dies nicht ist,
ein gespieltes Lächeln!

Ausgelacht,
dass alles Fussel frei;
bis in die kleinste Zeile,
ausgelacht!

Machtlos,
wo jedes Lachen Türen öffnet;
denn im Garten der Liebe,
sind Herzen frei und aufgeschreckt!

Das schönste Lächeln,
dass alle Geigen spielt,
es war so schön,
wo der Entdecker in ihm kam!

Das Amt (1)

Ämter haben keinen Stress,
höchstens: „Wer macht heute nur den Kaffee?"
Schließlich sind sie ja Beamte,
die zu schonen sind!

Ziehen manchmal zäh wie Kaugummi,
eine Unterschrift allein;
von Schreibtisch zu Schreibtisch,
ohne überhaupt den Grund zu wissen!

Und drücken einem glatt was unter,
was überhaupt nicht stimmt;
schließlich ist es ja ein Amt,
ein Amt versteht sich!

Gehen auch auf das Ganze,
auf die ganze Vorschrift;
Spielraum Fehlanzeige,
schließlich ist das Amt ja wer!

Das Amt (2)

Ob Finanz, Kraftfahrzeug oder Arbeitsamt,
manchmal kommt man sich vor
wie eine Ware oder Nummer auf dem
Verschiebebahnhof;
denn Amt bleibt Amt;
da ist nichts mehr zu sagen, jetzt nicht!

Der dumme bleibt meistens der Bürger,
dies gibt kein Amt ja jemals zu;
schließlich ist es ja ein Amt
und nicht die freie Marktwirtschaft;
eben ein Amt!

Vom Davonlaufen

Vor sich und dem Leben davonlaufen,
macht nicht wirklich Sinn;
die Zufriedenheit und tiefe Gefühle kann man nicht
kaufen,
denn der Moment und der Augenblick sind viel zu
kostbar dafür!

Vor den Fakten und Tatsachen die Augen schließen,
bringt nur Kummer und Leid;
aus Fehlern lernen,
handeln für die Seligkeit!

Von der Liebe sich ins Bockshorn jagen lassen,
ist fast schon Betrug;
die Liebe an sich ist unbezahlbar,
für Körper, Geist und Seele!

Vor sich und der eigenen Persönlichkeit davonlaufen,
hilft nur der Gesellschaft;
denn wo er oder sie auch hinlaufen will,
die eigene Täterschaft für das eigene Leben,
ist nicht übertragbar!

Verstand und Herzschmerzen

Der Verstand denkt zu viel an Normen und
Bestimmungen.
Das Herz kennt jedoch jede Sehnsucht und mehr als nur
einen Horizont;
der Verstand denkt sachlich und nüchtern,
das Herz auch sinnlich und zärtlich!

Der Verstand lässt das Laster zu.
Das Herz ist immer auf der Suche nach den eigenen
Träumen;
der Verstand verhindert manchmal Schlimmeres,
doch nur das Herz ist zu ganz tiefen Gefühlen fähig!

Der Verstand ist gefangen in Rahmen und Grenzen.
Das Herz ist immer frei wie der Wind;
der Verstand scheint manchmal wie auf einen Bügel
gehängt,
das Herz ist das, was die Sehnsucht aufweist!

Ziele

Ziele im Herzen nicht mehr verlieren,
oder
am Senfkorn nicht mehr scheitern,
denn
der Einsatz ist das Handeln,
für
das Tun und die Bearbeitung!

Die Ziele verlangen nun mal,
zum Leben ja zu sagen,
mit Anmut und Grazie,
mit Glauben und Wille,
mit Leidenschaft und mehr!

Darum entdecke und gehe,
den Weg zu deinen Zielen!

Tagebuchgedanken

Es gibt vermutlich diese drei Arten von Menschen;
die einen, die Angst haben vor dem Tod,
die anderen, die Angst haben, vor - dem Leben,
und die dritte, die Angst haben, Gefühle zu zeigen!

Mensch sein verlangt auch Opfer zu bringen!

Sicherheitsfanatiker sind selten Lebenspraktiker!

Zwang widerspricht jedem Individuum,
besonders starken Persönlichkeiten!

Der Abend danach

Der Blick der klaren Gebote -
küsst;
die Liebe in ihrer einzigartigen Note!

Der Wahnsinn der Begierde -
verführt;
den Geruch der Sehnsucht als Zierde!

Der Herzschlag so triefend wie Tau -
erliegt;
dem Lächeln der Frau!

Das Kleid der tiefen Gefühle -
ziert;
die Begierde wie eine Mühle!

Der Abend danach -
sendet Gefühle im eigenen Bericht;
halten jetzt wach,
die Liebe im Licht!

Tagebuchgedanken

Die Möglichkeit des Unmöglichen -
machen doch auch immer die Gedanken,
der Wille, der Geist
oder Gottvertrauen möglich!

Mit Mut, Glaube, Liebe und Vertrauen,
dazu Freude und Begeisterung,
dabei das Tun und Handeln nicht vergessen;
damit kann man mehr erreichen,
als mit allem Geld der Welt!

Mit dem Zauber des Augenblicks
und der Achtsamkeit des Göttlichen
auf der Straße des Vertrauens!

Nichts ist unmöglich, wenn man nur will!

Das beste Doping der Welt;
ist Freude, Begeisterung und Leidenschaft!

Grenzen

Schnitte,
die keinen verletzen;
Schnitte,
die es trotzdem messerscharf auf den Punkt bringen!

Grenzgenau,
wie eben die Schnitte liegen;
eben auf,
dem trockenen Asphalt!

Schnitte
und sei es für Sekunden;
Schnitte,
überall auf der Welt!

So
wie Tag und Nacht;
am
Morgen des Tages!

Schnitte,
die es auf den Punkt bringen
und trotzdem keinen verletzen!

Tagebuchgedanken

Zärtlichkeit mit Sinnlichkeit ist die tiefste Bedeutung
und die schönste Versuchung,
seit es Ehrlichkeit gibt!

Wenn Menschen sich blind verstehen,
liegt der Verdacht nahe,
dass sie Seelenverwandte sind!

Licht und Schatten

Licht ist manchmal wie ein Mauerblümchen.
Es fliegt von dir zu mir,
es bringt mich tief zu dir;
es dringt ganz tief in meine Seele!

Licht ist wie ein Rosenstrauch.
Es bricht vielleicht ganz scharf den Hintergrund,
es redet leise mit dem Augenblick;
der doch so sehr das Licht umgarnt!

Licht ist wie ein Blumenbeet.
Es strebt bis in die Ewigkeit,
es will der Liebe Raum und Zeit;
es will sich selbst verstehen lernen!

Licht ist in jedem Augenblick.
Licht ist auch dort, wo Schatten sind,
doch was ja zählt;
ist Mensch sein, auf der Welt!

Tagebuchgedanken

Das Alter eines Menschen ist nur eine Zahl,
doch im Herzen jung zu bleiben,
ist wie die Neugier
und das Kind in sich nicht zu verlieren!

Gold -
wiegt das Gefühl, das Herz und auch die Seele nicht auf!

Gefühlswelt

Wer läuft nicht mal fragend durch Straßen,
sind wir auch immer achtsam für den Moment?
Scheint es so, als weine manchmal alles um uns -
weinen tut auch manchmal gut!

Entrückt uns mal die Einsamkeit,
schreit die Not uns manchmal an;
wie oft und lange muss für uns denn die Sonne scheinen -
wer fragt sich auch mal warum?

Manchmal braucht es nicht mal Worte,
wem war nicht auch mal unwohl in der eigenen Haut;
wem war danach, einfach mal zu schreien,
ja wie viel braucht es denn zum Glück!

Wie oft gibt es den Wunsch nach Schmetterlingen im
Bauch,
wer wollte schon mal ganz allein sein;
wer fühlte sich mal, als wäre er ganz klein,
ja, wie oft kommt sowas vor, ein Hilfeschrei der Seele!

Tagebuchgedanken

Lautlose Schmerzen
sind offene Wunden der Seele;
die nicht immer vernarben oder noch nicht vernarbt sind!

Menschen lassen sich nicht austauschen,
selbst, wenn man es gerne hätte!

Einmaligkeit

Der Tag -
bricht die Zeit,
doch du
leuchtest ihn mir aus!

Der Morgen -
entsorgt die Zeit,
doch du
streichelst mich frei!

Die Zeit -
begrenzt jeden Sonnenschein,
doch du
massierst mehr als nur die Gefühle!

Der Moment -
stirbt mit jedem Augenblick,
doch du
zeigst mir die Ewigkeit!

Das Jetzt, kommt nicht wieder.
Doch du bist einmalig!

Tagebuchgedanken

Bevor der Mensch stirbt, stirbt die Hoffnung!

Manche Menschen sind sich ihr ganzes Leben lang,
nicht ihres eigenen Zaubers bewusst!

Einsamkeit schreit bisweilen zum Himmel,
ohne dass die Gesellschaft dafür ein Ohr hat!

Ein Blatt Papier

Papier, geduldig ohne was zu sagen,
als eine Zier;
so unaufgeregt ganz ohne irgendwelche Klagen,
beim Zeilen schreiben auf das weiße Stück Papier!

Dort, wo es das weiße Stück Papier uns dann ermöglicht,
so liegt es nun vor mir;
vielleicht sind die Gedanken auch schon aufgereiht,
auf dem weißen Stück Papier!

Wie viel erlauben wir von unserer Zeit,
so unbefleckt und blütenweiß im Hier.
Vielleicht bringt dann irgendwann die Poesie der
Schönheit,
die Silben auf das weiße Stück Papier!

Und so war hier
ein weißes Stück Papier,
die Inspiration von mir!

Tagebuchgedanken

Das Glück des Menschen kümmert sich nicht um den
Menschen,
wenn sich der Mensch nicht darum kümmert!

Alles hat seine zwei Seiten, alles!

Von einer Überraschung

Der Blick, der sich jetzt fragt nur wie,
selbst das Gefühl hängt an so manchen Restgedanken;
dazu platziert die Frage der Magie,
an Ort und Stelle, die dann ranken!

Die Stimme bringt sie, die Erklärung
und selbst die Augen hoffen vage;
Gedanken suchen nach Entzerrung,
doch die Sekunde selbst wird irgendwie zu Plage!

Vielleicht sind es die Augen,
die uns verraten;
oder ist es der Mund,
der ohne Worte offen steht!

Und so versucht man zu entwirren,
wo alles schiebt;
als würde sich was zieren
was doch das Jetzt und Hier uns gibt!

Ohr und Nase

Nase fein und Nase rein,
Nase platt und Nase und Gesicht;
Nase ziemlich klein,
Nasen dort im Licht;
Nase rot so wie es lag,
Nasen an diesem Tag!

Ohren kalt und rot,
Ohren und zum wiederholten Mal;
Ohren und ein Stückchen Brot,
Ohrenschützer und ein Ohrenschal;
Ohren und die Zeichen stellen,
Ohren auf der Welt!

Tagebuchgedanken

Meint man nicht manchmal,
der eigene Weg verfolgt einen;
ohne dass man sich wehren kann oder möchte!

Beruf oder Berufung,
hier sind die Unterschiede so elementar wie Tag und
Nacht!

Alles ist möglich, sicher ist nichts

Freude und Trauer,
Glück und Pech;
handele und tue,
als Spieler des Lebens!

Stille und Lärm,
Mut und Gelassenheit;
handele und tue,
als Täter des Lebens!

Weiblich und männlich,
Liebe und Wut,
sei dir beides bewusst,
der Gefühle des Lebens!

Anfang und Ende,
Tod und Leben;
alles ist möglich,
in der Einmaligkeit des Lebens!

Denn alles ist möglich,
sicher ist nichts!

Tagebuchgedanken

Nicht die sind die wahren Helden,
die den Mount Everest besteigen;
sondern die,
die mitten im Leben stehen!

Ein Wort reicht manchmal gar nicht aus!

Stille

Stille,
die keinen stört;
Stille,
die sich einfach ergibt!

Stille,
die nach innen lenkt;
Stille,
die jeder einmal braucht,
auch wenn es die wenigsten zugeben wollen!

Stille,
die nichts verlangt oder fordert;
die sich selbst genügt,
von Anfang an Stille;
wie sie sein soll,
zufrieden und glücklich
einfach und echt!

Liebe als Grund

Ruhe als Grund,
mit Herzschmerz der Liebe,
im eigenen Lichterverbund,
als die untergehende Sonne aussticht!

Betörende Romantik,
die hautnah streift;
mit Deuten im Blick,
am Kamin, wo das Traumbild dann greift!

Mondscheinstunden,
bei Ti Amor;
mit Engeln gebunden,
singt dazu ein himmlischer Chor!

Die Kerzen der Stille,
dazu die Liebe zu zweit;
legt sich nahe dem Willen,
macht dann die Zeit;
wo dann alles entfacht,
mit Liebe bedacht!

Träume sind das Ehrlichste,
das Beständigste
und Schonungsloseste,
was das Leben zu bieten hat,
eben Träume!

Literaturwettbewerbe

Wo die Zeilen -
nun die Hauptsache sind;
denn,
seien diese noch so gut!

Wo dann -
ausgewiesene Hundstage;
zu Freudentagen der Zeilen werden,
geschrieben für die Unwissenden!

Wo dann öffentlich,
das Resultat in Frage gestellt wird;
schließlich
soll ja jeder was davon haben!

Wo dann Zeilen -
Verkaufszeilen werden sollen;
denn was das betrifft,
der Erfolg soll ja stimmen!

Wo dann
Literaturtage eine einzige Frage sind!

Tiefe macht Sinn!

Weine und handle

Weine!
Ja schäme dich nicht, wenn du weinst,
ja gib dem Schmerz nun Ausdruck;
ja öffne nun ganz leise,
die angelegte Türe!

Handle!
Ja entscheide
und stehe dazu.
Wenn es sich trifft,
dass dich der Moment nicht mehr umschifft,
dieser dich streift,
wenn der Keim ausreift,
lasse es zu,
wenn die Seele versteht;
echt und ehrlich zu sein,
ja - stehe dazu!

Darum weine und handle,
im eigenen Interesse!

Geburt -
eine mehr oder weniger starke ausgeprägte Abhängigkeit;
denn ob wir es wollen oder nicht,
von irgendetwas ist der Mensch immer abhängig!
-
Aber wir sind Menschen,
Gott sei Dank.
Wir sind Menschen und keine Roboter!

Werke

Wann wird das eigene Tun zur Kunst,
wie viel färbt denn der Regenbogen deines Lebens
und wie viel gibt es an himmlischem Segen dazu?

Wann wird das eigene Ich denn zur Botschaft
und wie viel davon ist ein roter Faden.
Wann wird die Summe aller Einzelheiten nur zu einem
Lächeln und wann reicht nur ein einziger Blick?

Braucht es denn den Steinschlag in der Seele,
vielleicht reicht schon ein stilles Gebet.
Wo bleiben all die Jahre und die Tage -
oder ist alles nur ein einziges, wärmendes Licht?

Erreichen die Werte auch unsere Seele,
die Tiefe und das Da sein.
Sprechen sie von,
dem Werk;
den Werken der Zeit!

Grüne Welle

Die Ampel ist grün -
der Autofahrer ist begeistert;
der eine oder andere Verkehrsteilnehmer schaut recht
böse,
denn der Autofahrer ist mit seinen Gedanken viel
woanders,
was Folgen hat,
ein Hupkonzert,
das ihn,
aus allen Träumen reist!

Danach nimmt er ein Taxi
und fährt dann lieber mit dem Bus;
fährt nachmittags dann mit der Bahn
und fliegt spätabends mit dem Flugzeug,
läuft dann um Mitternacht zu Fuß
und denkt nun auf einmal:
„So schaut diese wohl aus, die eigene grüne Welle."

So gibt es auch die „Grünen",
auch Orte voller Grün;
die Farbe Grün
in einem wunderbaren grünen Rasen;
doch selbst an Ampeln spricht man nun
von einer:

„Grünen Welle!"

Zeit und Wolken und Ehrlichkeit

Zeit--------------

Zeit seines Lebens hat der Mensch wohl Zeit;
Zeit ist wie ein eigenes Kleid;
zeitlos, was man nicht halten kann;
Zeitpunkt ist immer hier, nicht jetzt und nicht dann;
Zeit ist kein weißer Riese;
Zeit ist manchmal wie ein ungelöstes Rätsel!

Wolken----------------

Wolkenlos ist es vielleicht am frühen Morgen,
Wolken und darauf reimt sich Sorgen,
Wolken brauchen keine Gelder;
Wolken ziehen über Wiesen;
Wolken sind auch manchmal nass;
Wolken sagen: Lebe und habe Spaß!"

Erst recht, wenn alles verloren scheint (1)

Als Gedeck,
in der eigenen Spur;
mit jeder Menge Lust im Dasein,
das eigene Leben erleben, dies pur!

Mensch sein,
im eigenen Ansatzpunkt;
mit Gedanken so fein,
in der eigenen Mitte, dass es funkt!

Zeitlos
und doch am Puls der Zeit;
den eigenen Traum famos,
im schönsten Kleid!

Handeln und Tun,
klare Entscheidungen treffen;
Grundlagen,
die jedes Leben braucht!

Erst recht, wenn alles verloren scheint (2)

Jetzt und hier mit göttlicher Kraft,
mitten im Leben stehen;
Freunde, Begeisterung, Leidenschaft,
einfach aufrecht gehen!

Dazu ein bisschen Glück,
mit sehr viel Zweisamkeit
und alles wird gut!

Ohne Gesetzmäßigkeit kein Leben,
ohne Leben keine Gesetzmäßigkeit!

Eine Komponente

Der Genius -
steht irgendwann im Stau der Laien;
irgendwo zwischen den Stühlen
und auch irgendwie zwischen Traum und Wirklichkeit!

Doch er hat einen Funken der Ahnung,
tief verborgen im Herzen;
dabei tut er alles, um es zu wissen,
mit dem Mute der Verzweiflung!

Und schließlich wird die eigene Möglichkeit,
durch eine Schlagseite der Fügung;
fassbar und greifbar und ein unbezahlbares Geschenk,
zu einem Da sein im eigenen Leben!

Und mit sinnlicher Melodie
und dem eigenen Geschenk;
bringt ihm die Schwingung,
als Verschmelzung, Klang und Publikum
ins Rampenlicht, ins Jetzt und Hier!

Liebesnacht (1)

Ohne Hektik,
drückt sich der Abend ans Fenster
und räumt erstmal auf,
was es aufzuräumen gilt!

Oberflächlich scheint -
alles seinen Lauf zu nehmen;
doch lange Schatten -
nehmen Fahrt auf und nähern sich dem Objekt der
Begierde!

Unterschiede -
enden hier nicht an der Tischkante;
doch diesmal könnten die Dinge einen anderen Verlauf
nehmen,
diesmal!

Was nicht heißen will,
dass es so kommen muss;
denn die Sonne steht nicht mehr am höchsten Punkt
und der Blick scheint unsicher zu werden!

Liebesnacht (2)

Alles -
kann sich in einem Moment entscheiden,
doch hier handelt es sich um Naturgesetze,
wenn der Mond seinen Lauf nimmt!

Und so siegt der Mond mit seiner Macht,
der Vollmond fügt
und bildet den Rahmen,
für eine heiße Liebesnacht!

Der Moment kommt immer

Der Moment kommt immer,
denn wie er kommt, so kommt er nun einmal;
doch kann ein jeder tun;
kann Dinge ändern oder nicht,
mit Selbstverpflichtung!

Irgendwo treibt alles hin,
das Steuer hat ein jeder in der Hand;
was hat im Leben alles Sinn und was ist sinnlos;
was passt einfach und was passt nicht!

Irgendwie geht immer irgendwas,
solang der Traum und auch die Hoffnung nicht verloren
gehen;
reden ändert wenig,
aber das Tun!

Irgendwie fängt alles an,
mit Achtsamkeit für den Moment;
ein Zukunftsplan und die Momentaufnahme,
denn der Moment lebt immer!

Denn wie man es auch dreht
und was die Zeit auch noch bewegt;
irgendwie bleibt irgendwo,
was der Tag auch bringt!

Leben ist ein Findungsprozess,
der niemals endet!

Jetzt und Hier

Glückszustände,
Pegelauswüchse;
wie ist dieser Stand nur zu verstehen,
wie ist damit umzugehen?

Supertag,
Sechser im Lotto;
wann war der höchste Stand der Sonne,
wo sprach der Tag nun sein Gebet?

Wahnsinn,
unglaublich gut;
wo war bei diesen Stunden nur das Bilderbuch,
wo war Anfang und Ende?

Alles,
alles ist nur ein Geschenk;
das Leben, der Tag;
wie ein Schmetterling das Glück versteht;
das Glück von Heute;
was bleibt das war -
der Augenblick, der Moment, das Jetzt und Hier!

Der Weg vom Großen zum Kleinen,
ist oftmals schwieriger,
als vom Kleinen zum Großen!

Die Parodie

Die Unschuld schmeichelt nun der Schadenfreude,
verbeißt sich dann im Irgendwo;
ins Komische,
dann gibt es noch den Wolf, der Beute reißt!

Der Kommentar erklärt den Witz,
er stutzt und ächzt;
dazu bleibt auch der Hecht im Karpfenteich,
im Fernsehpreis gefangen!

Das Wort, das dreht und stellt
die Redewendung in ein anderes Licht;
es streift dazu der Schuh des Manitu,
im eigenen Licht!

Dann wird die Traumfigur zu der Passion,
erfasst vom Augenzwinkern und dem prallen Leben;
dann wird auch noch die Story, wenn es funktioniert,
vielleicht zur Parodie!

Humor, Witz und Charme

Worte des Humors im Sonnenschein und mit Schleife,
in weinrote Farbe getaucht;
ausufernd und ohne Rahmen,
mit unverwechselbarem Gewinn!

Mitten drin im Herz der Lieblichkeit,
mit Witz und mit Muse;
im Fachwerk der guten Laune,
als Zeitfenster des Augenblicks!

Wo der Himmel dann neu entdeckt,
als Ausrufezeichen versehen;
mit dem Charme der Betonung,
die auf der eigenen Neugier basiert!

Denn die Grenzen sind fließend,
bei den Worten von oben;
bleibt ein Hauch von verwegen,
bleibt das Leben vielleicht nicht im Regen stehen!

Was ist wirklich entscheidend -
wer man ist,
woher man kommt,
oder was man hat;
oder -
was man daraus macht!

Einfach nur Sinn

Das, was dahinter folgt
und was sich auf den ersten Blick nicht immer zeigt;
was manchmal wie ein Umweg scheint;
das, was das Herz sagt;
was tief in jeder Seele liegt
und alle Leidenschaft, die Freude und Begeisterung
einschließt;
wir sollten es annehmen und vermehren,
entzücken und beglücken
und Träume wagen!

Denn heutzutage heißt es,
schneller, höher, weiter;
der Sinn fürs eigene Glück geht irgendwie verloren;
das eigene Ich ist nicht gefragt,
fühlt man.
Doch denk ich mir,
das Tun und Handeln
dabei ganz echt und stimmig sein,
ist ein sehr großes Glück,
viel mehr als alle Normen der Gesellschaft!

Das eigene Ich

In der Welt aus Lügen,
wo alles einem Wahnsinn gleicht;
kennt man sich nicht mehr aus,
das Herz und seine eigene Seele!

Wo jedes Haar die Suppe tranig macht,
wo Normen die Gesellschaft puschen;
wo selbst das eigene Rückgrat
gefährdet ist!

Wo jede Angst vor jedem neuen Morgen,
zu einem Zustand wird,
der schwindlig macht
und traurig!

Wo es auf jeden Tag ankommt,
auf das eigene Tun und Handeln;
den Glauben und das Herz;
die Leidenschaft und Sinnlichkeit,
auf das eigene Ich und auch das andere Du!

Das Ziel, um das es doch irgendwo und irgendwie auch
immer geht,
ist das eigene Selbst!

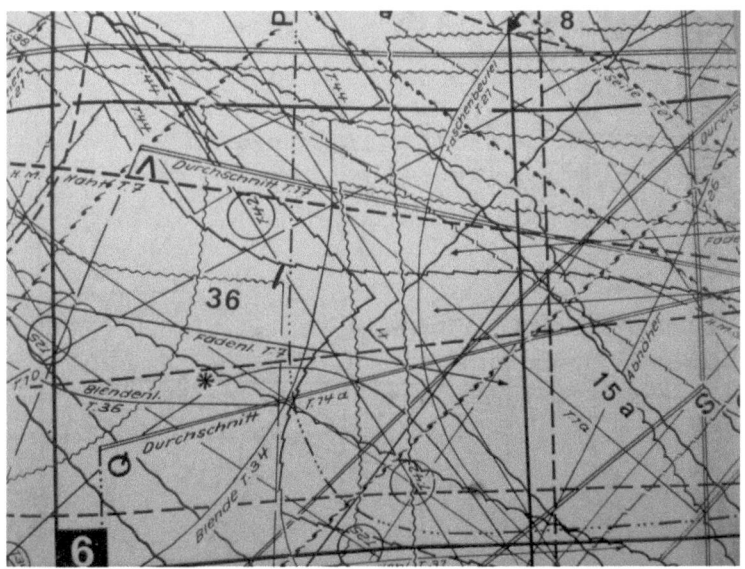

Urlaubswahnsinn

Menschenmassen ohne gleichen,
auf der Piste, an dem Strand,
Herdentrieb für alle,
Menschen wollen manchmal gar nicht mehr!

Urlaub, wo man nicht Bikini oder Badehose braucht,
Urlaub, wo der Abend Stimmung garantiert;
Urlaub, wo man selbst dann noch Urlaub braucht,
Urlaub in der Urlaubszeit!

Sehen und gesehen werden,
ist vor allem reich und "in";
wo man die Gedanken schnell vergisst,
wo man keinen, nur den Chef noch sieht!

Wo es dann fast alles gibt,
von der kleinen Zehe bis zu den Zähnen;
wo schon Wochen vorher,
alles rosarot und himmelblau getrunken wird!

Über allen Fragen,
tief in allen Massen drin;
leiten tausend Sterne,
irgendwo in Raum und Zeit!

Das Rückgrat
ist der Stolz des Menschen!

Bergtour extrem (1)

Gefriergetrocknet,
in aller Herrgottsfrühe;
gefrieren Gesichtszüge im Wind;
dazu fügt das Jüngste Gericht
im Extremen!

Es gibt dann ein einziges inniges Ziel,
den Glauben im Allgemeinen
und eine Gratwanderung im Besonderen;
zwischen Himmel und Hölle,
gefriergetrocknet versteht sich!

Dann wird das Unwirkliche wirklich
und die Ordnung zum Chaos;
denn irgendwann reibt,
treibt ins gleißende Licht,
ins Leben, ins Jetzt und ins Hier!

Den Trotz aller Erschöpfung
und aller Verzweiflung an sich;
leidet das Bild insgeheim,
gefriergetrocknet,
mit ganz großen Augen!

Bergtour extrem (2)

Und am Gipfel ist alles vergessen,
gefriergetrocknet war einmal;
denn die Seele sie fliegt
und das Herz weint leise Tränen;
wo alles begann,
ausgetrocknet,
am Ende des Tages!

Mit sich selbst klarkommen,
ist oft schwieriger, als mit anderen!

Eckdaten einer Beschreibung

Lieber unangepasst und ich selbst,
als angepasst und jemand anderes sein.

Denn im Angesicht von Normen,
so rund geflutscht und tiefenlos glatt;
bekommt der Tag eine Note
und der Traum wird verlorene Zeit!

Denn die Mode der Gebote,
die nun mal die Gesellschaft fordert;
lässt ein Bild und Wege entstehen,
auf der es grüne Teelichter
in der eigenen Enklave gibt!

Denn wo das eigene Gefühl
bereit ist zu mehr;
geht es manchmal nicht ohne Ecken und Kanten,
denn geht man seinen Weg,
heißt es schon mal:
„Querdenkerleben!"

Vom ersten Eindruck

Wie ein Blitz aus heiterem Himmel-
kommt vielleicht das Glück;
nun heißt es bereit sein
und dem Gefühl eine Chance geben!

Vertrauen,
Vertrauen und Mut,
hier helfen keine Millionen,
hier hilft nur tun und handeln!

Angst,
lässt das Herz in diesem Fall nicht gelten;
wenn es berührt wird,
wenn es sich erklären möchte!

Das Herz,
das Gefühl und der erste Eindruck-
machen nun vielleicht gemeinsame Sache
für mehr als nur den ersten Empfindungen!

Doch woran liegt es nun wirklich -
oder liegt es am Denken;
liegt es am Glauben oder am Willen,
oder fehlt der Mut für den ersten Schritt!

Es gibt viele Rezepte für das Leben,
aber manchmal nur eines, das wirklich hilft,
„das eigene Du"
oder hilf dir selbst,
dann hilft dir auch Gott!

Ist Weisheit
nicht auch innere Ruhe
innere Kraft
und innere Stärke!

Menschliches

Eigen zu sein,
mit Wirkung, die sich herausnimmt;
so dass diese speziell schiebt
zu den eigenen Gefühlen!

Wesentlich,
mit Gedanken, die alles umrunden;
diese ordnen,
damit man das Beste für sich herausholt!

Zart und sinnlich,
mit Tiefe, die ganz tief geht;
vielleicht fliegt man dann sprichwörtlich,
man muss es versuchen!

Doch der Mensch
bleibt immer Mensch;
der Mensch,
ein Wunder!

Die Brücke

Als Weg,
oder vielleicht als Möglichkeit;
die überspannt,
von A nach B, von nirgendwo ins Irgendwo!

Denn ein gesunder Kern im Menschen
kann jeden Schritt auch selbst tragen;
durch tun und handeln,
den Weg über die Brücke auch zu gehen!

Und eine Brücke über den Fluss gibt es immer,
denn jeder Anfang kann ein Zauber sein;
ein Anfang,
für einen ersten Schritt!

Denn oftmals ist die Brücke einfach da,
man muss sie sehen,
doch oftmals erschrecken wir,
erschrecken und gehen nicht den Weg!

Lebensfalten

Lebensfalten,
Lebensweisen;
jede Falte sagt was aus,
einfach aus dem Leben!

Gesichter im Alltag,
Menschen in der Freizeit;
lachen aus Freude,
in jedem Alter!

Tiefe Furchen im Gesicht,
so wie es das Leben gezeichnet hat;
einfach Lebenslinien,
bei einer in die Jahre gekommenen Person!

Aus Erfahrung,
Erfahrung, die das Leben gibt;
doch alt ist relativ,
solange der Geist jung bleibt!

Lebensfalten,
Lebenslinien,
dort bei diesen Menschen!

Kopfzerbrechen

Der Sinn nach dem Wesentlichen steht aus,
doch den Grund, den weiß keiner;
denn man wägt ab,
wo Hirnströme versanden!

Deshalb treibt die Mühle der Gedanken
nun weiter und weiter,
der Mensch steht neben sich;
Zwangspausen beim Denken,
denn die Erinnerung bringt einfach keinen Schritt nach
vorne!

Selbst das Herz und die Seele stellen sich Fragen,
denn nichts Fassbares tritt auf der Stelle;
Gedankensalat,
am Ende eines langen Tages!

Und wenn nun der Gedanke nicht gestorben ist,
hat er sich längst entschieden!

Gefühle-
sind wie ein stoffliches Bild,
die ohne ein Wort,
das Licht des Bewusstseins erblicken!

Sie und Er

Waden mit Biss
und ein Rennrad der neuen Generation;
dazu eine Vollblutsportlerin,
die das Training zum Wettkampf macht!

Anreize,
die bei ihr wunderschön verpackt sind;
Rundungen,
die selbst der Fahrtwind nicht kühlt!

Eine Bestzeit der Angebote,
wo die Zeit der Vergänglichkeit neu definiert werden
müsste;
aber gerade deshalb - diese Frau macht vielleicht Träume
wahr!

Selbstlos und ungeniert
auf dem trockenen Asphalt,
der für alle Verkehrsteilnehmer zugänglich ist -
zudem ist die Polizei gerade mitten bei der Arbeit!

Radar!
Es war eine Radarfalle, die sie übersah!
Nun kam er dazu, der Polizist bei der Arbeit,
der dann beide Augen zudrückte!

Erst wer sich an den kleinen Dingen des Lebens freuen
kann, erkennt das Wesentliche!

Farben der Wirklichkeit

Selbst der Mensch ist
auf den Kontinenten der Welt
oft im Verstehen allein!
Denn so ist das Glück oft wie ein Schmetterling,
im Geben und Nehmen des Augenblicks!

Denn erst wenn der Glaube über die Hoffnung siegt,
das Licht den Schatten bricht
und die Seele erstrahlt,
hat der Traum einen eigenen Namen.

Wo sich so manche Achtsamkeit in Stille kleidet
und die Poesie ein Bild malt,
sind es die Farben der Wirklichkeit!

Auch Worte können verletzen!

Vorzüge der Tiere (1)

Es war einmal ein Bär,
kein Schwarz- und auch kein Teddybär;
sondern ein Grizzlybär,
der fuhr sich über die Schnauze und dachte für sich:
„Ich habe da einen Schatz,
so mollig und so schön;
die Bärin passt zu mir und gebe ihr einen Schmatz
und sag zur ihr nun in meinem Revier,
komm her und ich verwöhne dich!"
Dann meint der Fuchs darauf:
„Ich habe da einen Bau,
für mich behaglich und so kuschlig,
ich bin ja oberschlau,
für mich und meine Liebste!"
Die Delphine sagen nun aus Überzeugung:
„Ich habe die schönsten Körperlinien,
so schlank und einfach wunderbar;
das ist doch sonnenklar!"
Und auch die Nachtigall kommt auf den Punkt:
„Ich singe voller Harmonie,
ich habe ein schönes Federkleid,
der Ton in mir ist Phantasie
und bin dazu bereit!"
Sogar der Elefant hat seine Meinung:
„Ich bin der größte und der stärkste,
zerquetsche jede Laus,
wie eine Maus!"

Vorzüge der Tiere (2)

Was bleibt, ist dann nur noch die Ameise und meint:
„Ich schleppe mehr als dass Vielfache meines eigenen
Körpergewichtes,
das ist das Besondere an mir!"

Doch wer hat recht,
alle und doch niemand;
doch eines bleibt,
die Zeilen dieser Tiere!

Kein Mensch kann aus seiner Haut,
kein einziger!

Jeder Tag bringt neue Fragen,
jeder Tag bringt neues Glück;
jeder Tag bringt neue Klagen,
jeder Tag ist ein Geschenk!

Das innere, ehrliche und göttliche Lächeln,
so echt und unverfälscht rein,
ist doch wie ein Geschenk,
denn -
höhlt es doch mit der Zeit den größten Stein
und schmilzt auch noch das dickste Eis;
als ein Geschenk mit Inhalt!

Als wäre es seine Geliebte (1)

Neben dem Trommelfellabsturz,
streichelt er leise sein bestes Stück im Stall;
ungesagt,
als wäre es seine Geliebte!

Er nimmt sie in Schutz,
seine Angebetete;
lässt sie aufheulen,
von null auf hundert!

Er nimmt sie mit Helm,
weiß von ihren Schwächen;
poliert sie und dringt in ihr ein,
davor und danach!

Er würde für sie bis in den Tod gehen,
er nennt sie „seine Göttliche",
will Siege,
er will mit ihr immer im Mittelpunkt stehen!

Als wäre es seine Geliebte (2)

Sie hat für ihn die schönsten Kurven,
glänzend veredelt, mit Lack und Leder, versteht sich,
mag er sein Baby am liebsten!

Denn sein „Baby" ist nicht irgendwer,
seine Angebetete ist nichts anderes –
als seine Rennmaschine!

Wer sich nicht irgendwo und irgendwie selbst begreift,
wird es vermutlich nicht annähernd schaffen,
das Wesentliche der Schöpfung zu erahnen!

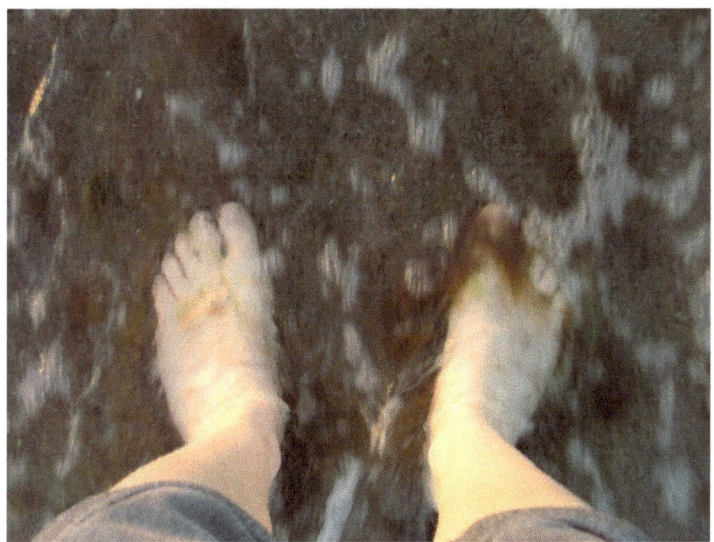

Auf die Spitze getrieben

Bio Butter im Gesicht
und im Haus geht an das Licht!
Samtig glatte feine Haut
und der Nachbar wird nun ziemlich laut!
Mit Stahl und Eisen, wie er scharrt,
und dazu die hammerharte Fahrt;
sinnlich schwer betrübt,
aber alles zuckersüß:
Sommer, Sonne, Strand und Kies,
weil er sie ließ;
tief und kurz und danach unendlich lang,
bis sie irgendwann dann nicht mehr sang;
es folgte nun ein Messer,
das mit dem Licht der Sonne bricht;
mittelfristig schiebt nun die Sehnsucht,
einen Traum in eine kleine Bucht;
kahl geschoren durch und durch,
liegen nun der König und der Lurch;
eitel, stolz, entgegen
und dann aufeinander eingeschlagen;
freche aufgeweckte Diebe,
doch noch toller ist die Liebe,
doch zu guter Letzt,
der Liebe ausgesetzt!

Die allerletzte Instanz in unseren Leben liegt
wie ich glaube – im Göttlichen
die vorletzte im Menschen selbst.

Doch mit der Macht eines Staubkornes,
im Universum der Erde gesehen,
ist aber geistig und seelisch sehr, sehr vieles möglich!

Heute

Mit dir möchte ich -
Zärtlichkeit und Sinnlichkeit erleben!

Du gingst an mir vorbei,
dein Blick küsste die Seele,
der Wind spielte mit deinem Haar,
das Kleid machte dich begehrenswert,
durch Momente eben -.
denn du hast dich in mein Herz gesetzt!

Deshalb schenke mir den Tag,
heute, nicht irgendwann!

Kreativ

Kreativ im eigenen Lebensraum,
im Dasein;
zwischen Wirklichkeit und Traum,
zwischen Schwarz und Weiß;
zwischen dunkel und hell,
zwischen Tun und Handeln,
um zu leben!

Von äußeren und inneren Werten

Das Wort wird zum verdrehten Wort,
das Bild kein Argument;
das Glück ein seltener Gast,
wenn der Entscheidung die Klarheit fehlt!

Der Tag ein Pulverfass,
der Abend wird bereut;
die Nacht ein schlechter Traum,
wenn selbst das Tun und Handeln fehlt!

Das Tun gestellt,
das Handeln fadenscheinig;
das eigene Ich ein zweiter Verlierer,
wenn die Verantwortung für das eigene Leben fehlt!

Das Geschenk des Lebens,
ist heute vielleicht Spagat;
ein Spagat zwischen
eben diesen Werten,
den äußeren und inneren Werten!

Erst kommt der Gedanke,
dann vielleicht eine Idee
und hat man ein Ziel,
das Tun und das Handeln!

Zeile für Zeile

Wie ein Sprudelbecken -
bringen die Gedanken;
Zeilen, die sich selbst verraten,
mit Gefühlen!

Wie ein Vulkanausbruch -
heben alle Sinne;
Wörter aus der Taufe,
mit Vergnügen!

Wie ein Sonnenschiff -
legt das Herz an;
unverwechselbar und echt,
mit tiefer Wahrnehmung!

Wie ein Glücksrad -
schreiben sich die Zeilen;
manchmal wie von selbst,
ohne den Verstand!

Vom Ursprung bis zur Quelle -
geben die Gedanken;
streifen die Gefühle,
Zeile für Zeile!

Die Sicherheit liegt in der Unsicherheit!

Landverbauung

Handymasten für die Ewigkeit,
Hypotheken voller Pump und Luxus;
nimmt man die Verschandlung gern in Kauf,
wo die Gegner die Gerichte sind!

Die Siedlung oder das Industriegebiet werden gebaut mit
allen Mitteln,
die Straße braucht nur Stein und Spaß;
der Bürgermeister setzt den ersten Stich,
Vetternwirtschaft!

Wo sich das Grundstück rechnet,
wo der Arbeitsplatz dann auch nicht gesichert ist;
wo die Söhne Babylons,
wo der Wahnsinn ruft!

Wo der Grund und Boden alles ist,
wo man sich die Hände reibt;
wo die Gegner Argumente suchen,
wo die Kohle Blüten treibt!

Und so wird immer mehr und uferlos gebaut,
zu Ungunsten der Natur;
Bauwut, die nun alle Rahmen sprengt
und wo der Flächenfraß nicht mehr zu stoppen ist!

Morgens ist noch nicht Abend,
Morgen ist der Anfang vom Tag,
Morgen ist noch vor Mittag,
morgens beim ersten Sonnenstrahl,
morgens, wo alles begann!

Mit den Zugvögeln

Mit den Zugvögeln
nach Raum und Zeit,
wo alles wieder kommt,
wo nichts mehr ist, wie es wahr;
wo wir sind um einzutauchen,
einzutauchen in Raum und Zeit!

Der Sturm

Geht wie im Wahn
und gibt sich durch und durch rebellisch;
trägt er die wilde Brut heran,
mit Posaunen und Trompeten!

So gibt es bei ihm keinem Ruhepunkt,
er treibt sich selbst voran;
gibt heulend seinen Takt dann frei,
die Konfrontation!

Und gibt sich dann und wann,
als ein recht windiger Gesell;
ist ohne Raum und Zeit,
wie ein schlagend prall gefülltes Kissen!

Und irgendwie geht jeder Sturm zu Ende,
wird dann vom Zeitlichen gesegnet;
als Elefantenhautgebrüll,
ganz ohne jeden Kostenvoranschlag!

So bleibt wie tausend Feuer,
der Sturm,
der irgendwie die Antwort präsentiert;
treibt dann bis Oberkante Lippe,
in jener aufgewühlten Stunde!

Lyrik

Worte der Lyrik
und Gedanken der göttlichen Ordnung;
wenden sich,
hin zum Bewusstsein und der Achtsamkeit
und greifen mitunter
in ein Schema -
ins Geheimfach der ungesagten Worte!

So fliegen schon mal,
das Besondere und das Wesentliche,
als Spiegelbild der eigenen Seele!

Angepasst auf dieser Welt

Dort wo Körper, Geist und Seele auseinanderdriften,
wo sich keiner mit dem eigenen „Ich" auseinandersetzt;
wo eine Linie,
in der Gesellschaft nicht überschritten werden darf!!

Bequemlichkeit der Zeit,
keiner, der sich irgendwie selbst sucht;
Pustekuchen,
angepasst und brav und sich selbst verraten!!

Wo der Herzschlag nichts zählt,
denn es könnte ja;
das Herz den Weg vorgeben,
denn es könnte ja wirklich sein!!

Und so bleibt-
das Schneckenhaus;
das Hamsterrad der Gesellschaft,
ohne Persönlichkeit und ohne Rückgrat!

Aus Erfahrung lernen

Was dahinter liegt,
ist nicht mehr zu ändern,
was dahinter liegt,
ist für alle Zeit aus und vorbei!

Was hinter dem Augenblick liegt,
ist Schnee von gestern;
was hinter dem Augenblick liegt,
kann man nicht mehr besser machen!

Was der Moment verschenkt,
bringt die Vergangenheit nicht mehr zurück,
was hinter dem Moment liegt,
bleibt Erinnerung!

Was hinter der Zeit liegt,
ist Erfahrung;
was die Erfahrung bringt,
verändert nicht immer die kommende Zeit!

Das was war,
auch das was kommt;
was aber zählt ist das jetzt und hier
um aus Fehlern zu lernen!

Liebe ist

Liebe ist oft nicht zu bezahlen,
Liebe ist einfach nicht zu verschreiben;
Liebe ist mitunter nicht mehr zu malen,
Liebe ist, wie sie ist!

Liebe ist keine Gewähr,
Liebe baut manchmal Brücken;
Liebe ist manchmal so sehr,
Liebe ist, wie sie ist!

Liebe ist manchmal, als würde ein Gebet gewählt,
Liebe geht manchmal bis ans Ende der Welt,
Liebe ist manchmal alles, was zählt,
Liebe ist, wie sie ist!

Liebe gibt dem Leben erst einen Sinn,
Liebe heißt manchmal, um sie zu kämpfen;
Liebe wird zur wichtigsten Nebensache der Welt,
Liebe ist, wie sie ist!

Liebe, wie gut, dass es sie gibt!

An den Grenzen zu wachsen,
kann was Schönes sein;
an ihnen zu scheitern,
nicht immer zu verstehen!

Stühle rücken (1)

Es waren einmal zehn Stühle,
nur einer war zu viel;
so hatte dieser einen Wurm,
nur einen kleinen Wurm;
das reichte dann für diesen Stuhl,
für einen Brennholzstuhl!

So waren es danach nur noch neun,
der neunte stand bei Nacht im Garten;
die Vögel sangen und der Mond schien hell,
das aber hielt den Täter überhaupt nicht ab,
am nächsten Morgen war der Stuhl dann einfach weg!

Es blieben achte,
der achte war recht alt, uralt, ein Unikat;
es war ein Sammlerstück für jeden,
so kam es, wie es kam,
dass eben dieser eine von zuvor Zehn,
auf einem Schloss dann stand!

Sieben Stühle sind nicht viel,
wohin damit, was bot sich an;
dann kam er auf den Speicher,
wo er noch Jahre stand!

Stühle rücken (2)

Der sechste blieb hängen in Gedankengängen,
im Liebesspiel der beiden;
sie liebten sich gar heftig,
mit Stöhnen und mit Nehmen,
so blieben nur noch fünf!

Beim fünften war es dann auch völlig gleich,
warum auch immer;
er fiel und fiel
bis er zu Bruche ging!

Der vierte dieser Sitzgelegenheiten,
war nicht mehr in;
war alt und hässlich,
den keiner mehr dann wollte!

Drei waren auch sehr schön,
doch einer viel zu klein;
ein kleiner Stuhl für große Leute,
dass ging nicht gut, der musste weg!

Stühle rücken (3)

Zwei Stühle ach wie schön,
was fehlte war ein Tisch, ein kleiner feiner runder Tisch;
einen wollte er dann auch behalten, keine zwei!

Ein Stuhl, der keinen mehr dann interessierte,
das war es dann, mit allen Stühlen!

Der Mensch kann nicht an anderen scheitern,
der Mensch kann nur an sich selbst scheitern!

Fragen an einem Mohren (1)

Du kleiner Mohr,
was heißt im Leben staunen;
ich muss dich mal was fragen,
vielleicht kannst mir es ja sagen!
Wann bin ich denn ein König im eigenen Land,
wo auch für mich nur Milch und Honig fließen,
wie werde ich denn zum Entdecker?
Schau mich doch an
und reich mir deine Hand;
Schaut es so anders aus,
wie die Erwachsenen immer sagen?
Bist du ein Kapitän auf deinem Schiff,
was kann ich aus dir schließen?
Hast du denn einen kleinen Palast in deinem Reich
und hast du gar auch Untertannen?
Ja, bist wirklich überall auf deiner Haut ganz schwarz,
wie groß ist nur dein Herz,
denn deine Augen sagen mir,
du magst doch sicher Teddybären?
Bist du ein Held in deinem Märchenland,
ja hast du Zauberschuhe?

Die Menschen auf Erden glauben kaum noch an ein
Wunder!

Fragen an einem Mohren (2)

Was trägst du auf dem Kopf,
warum hast du nur Sterne auf der Hose,
glaubst du an Helden?
Erzähle mir von deinen Träumen,
geheimnisvoll und tausendmal in der Nacht;
vielleicht sind sie ja bei dir,
die kleinen nun die wirklich großen!

Du kleiner Mohr, besuch mich mal,
dann flieg ich mit dir auf dem Teppich ins Märchenland!

Tagebuchgedanken

Das Leben ist nicht so,
das Leben ist anders!

Was will der Mensch vom Leben erwarten,
wenn er spielt mit versteckten oder gezinkten Karten?

Die Einmaligkeit des Menschen,
ist ein Zauber dieser Welt!

Der Mensch kann gar nicht vor sich selbst davonlaufen,
wie soll das gehen und wohin will er auch laufen!

Lipogramm ohne großes M

Es schoss aus der Aterie,
nur eine ganze kleine Enge,
ein Tropfen Blut von einer Busenfreundin namens Antel,
und fiel in eine Auracher Kaffeekanne!

Es sah dies auch die Beate namens Use,
sie wurde schwach und wurde Unter
und sagte es der Freundin namens Eise!

Zu gutem Schluss erfuhr es dann die Plattenfirma namens
Auer,
die kaufte dann den Tropfen ein,
nur weil es Wörter ohne großes M
in diesen Zeilen gibt!

Bei dir

Könnte der Gedanke fliegen,
er wäre längst bei dir;
er würde mit der reden,
am Puls der Zeit!

Er würde dich ganz sanft umarmen,
dich wärmen überall;
er würde dich romantisch küssen,
bei Kerzenlicht!

Er würde mit dir ganz verschmelzen,
so deckungsgleich;
er würde alle weißen Fahnen hissen,
ganz liebestoll!

Ja könnte der Gedanken fliegen,
er wäre längst bei dir!

Wer das Tal nicht kennt, kennt auch nicht den Weg zum Gipfel!

Amore

Amore,
der aufgeschlossenen Fragen;
Amore,
soweit die Gefühle tragen!

Amore,
wo die Träume verführen;
Amore,
wo die Küsse den Himmel berühren!

Amore,
wo die Verliebten verschenken;
Amore,
wo Verliebte nicht mehr nachdenken!

Amore,
für die Ewigkeit;
Amore,
im schönsten Liebeskleid!

Amore,
und der Mond schaut zu!

Alleration auf M

Die Mystik und der Mythos,
sind keine Mimik und keine Methodik;
Melonen und die Muscheln,
ist eine Mahlzeit, wer sich die Muse dazu gibt.
Mallorca und die Malediven,
liegen nicht im Mittelmeer.
Den Mondschein und die sogenante Mondscheinsichel,
gibt es an ausgewählten Nächten auch um Mitternacht.
Der Magen und die Milz,
sind menschliche Organe!

Figurengedicht

Feuer
Wo zerstört es
Wo brennt es noch
Dort wo die Liebe lebt
- das Leben

Luft
braucht jede Lunge
Gefühle im Herzen sind nicht Luft.
Atmen reinigt und gibt Luft für
- das Leben

Erde
Sich einfach Erden
wie ein Baum mit der Erde

Wasser
70 Prozent Wasser
so hoch ist dieser Anteil im
Menschen

Wurzeln schlagen,
tun und handeln

Denn Wasser höhlt selbst.
Wasser höhlt selbst den
größten Stein

Die Schönheit liegt im Relativ,
auch immer im Blick des Betrachters;
aber die wirkliche Schönheit,
liegt vor allem im Herzen und in der Seele bereit!

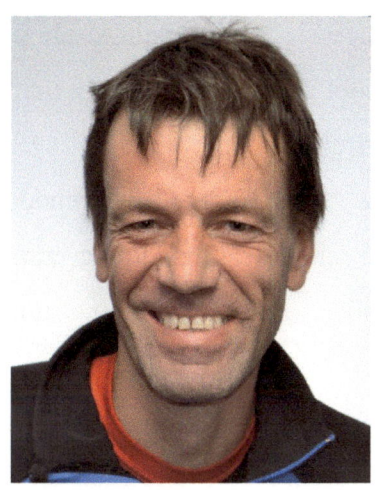

Im selben Verlag sind bereits die beiden Gedichtbände „Perlenkette" und „Lichterkranz", die Autobiografie „Begegnung mit dem Göttlichen" sowie das Buch mit Märchen und Erzählungen „Die Schneeflocke fiel vom Himmel" erschienen!

Der Autor wurde am 06.04.1968 in Neustadt/Aisch in Mittelfranken geboren und lebt seit 2005 mit dauerhaft gemeldeten Wohnsitz in Österreich.

Nach der Pflichtschule mit qualifizierenden Hauptschulanschluss machte er eine Ausbildung zum Schreiner, bevor er 2000 zum Masseur und medizinischen Bademeister umschulte; mit Nostrifizierung Heilmasseur! In seiner Freizeit ist er gerne in der Natur; liebt Skitouren, Hoch- und Eistouren, Eisklettertouren und tanzt vor allem Bayrisch, Polka, Walzer, aber auch Fox für sein Leben gerne!